LETTRE POLITIQUE

DE M. D.....

A M. LE COMTE DE ***

LE NORMANT FILS, IMPRIMEUR DU ROI,
rue de Seine, n° 8, faubourg Saint-Germain.

LETTRE POLITIQUE

DE M. D.....

ANCIEN MAGISTRAT ET VOLONTAIRE ROYAL,

A M. LE COMTE DE ***

DÉPUTÉ SIÉGEANT AU CÔTÉ DROIT,

EX-PARTISAN DU SYSTÈME ABUSIF DE LA CENTRALITÉ.

PARIS.

LE NORMANT PÈRE, LIBRAIRE,

RUE DE SEINE, N° 8, F. S. G.

1824.

LETTRE POLITIQUE

DE M. D.....

A M. LE COMTE DE ***

—∘⊙∘⊙∘⊙∘—

Paris, 12 octobre.

MON CHER COMTE,

Il y a cette grande différence entre plusieurs royalistes partisans du ministre M. de Villèle, et moi, qu'aucun des actes de son ministère ne peut faire cesser ma méfiance, tandis qu'il arrive très-rarement que leur confiance en lui soit ébranlée par certaines mesures sur lesquelles les amis des Bourbons peuvent, à la vérité, différer d'opinion, sans cesser d'être unis de cœur pour la défense de la légitimité. Ils avouent cependant qu'ils ne peuvent pas s'expliquer pourquoi il y a encore un certain nombre de personnes qui s'enrichissent dans des sinécures, des quasi-sinécures, des places richement dotées, pour lesquelles elles ne devroient pas être préférées, tandis que d'autres, qui, à toutes les époques, ont prouvé leur royalisme, restent sans emploi, sans fortune et sans moyens d'existence.

Mais ils reprennent bientôt leur affection et leurs vœux pour le ministère villellien : « Ce ministère, disent-ils, a rendu des ser- » vices importans à la légitimité. Les mi- » nistres ont été élevés au ministère comme » chefs de l'opposition royaliste, ils appar- » tiennent à la Chambre de 1815, à cette » Chambre surnommée *l'introuvable*; ils » n'ont pu oublier leurs anciennes doc- » trines, et le poste si distingué dans lequel

» ils ont défendu si énergiquement et avec
» tant d'éclat la cause du royalisme : ils
» doivent être par leurs précédens, par leur
» intérêt, et pour demeurer fidèles à leur
» gloire, les ennemis naturels des libéraux.
» Le bien ne se fait pas en un jour. M. le
» duc de Montmorency, M. le duc de Bel-
» lune et Mr. le vicomte de Chateaubriand
» ont perdu leurs portefeuilles, mais ce
» triple renvoi de ministres royalistes,
» sous un ministère royaliste, peut appa-
» remment s'expliquer par des considéra-
» tions particulières : ne se seroit-il pas
» manifesté de trop fortes prétentions re-
» lativement à la composition du personnel
» et à la marche de l'administration? M. de
» Villèle, ce ministre éminemment adroit
» et fin, et dont on ne peut en province
» apprécier le mérite aussi bien qu'à Paris,
» est l'homme qui est le plus à portée d'in-
» fluencer et de gouverner la Chambre des

» Députés. Il s'est formé au ministère et
» à la présidence du conseil dans le com-
» mandement de l'opposition. On lui re-
» proche sa finesse et sa politique ; mais
» quand on a la faculté de disposer de plu-
» sieurs millions, il est sans doute facile
» d'avoir, à tort ou à raison , une répu-
» tation de finesse. Ceux qui l'accusent se-
» roient-ils bien en état de le remplacer ?
» N'est-il pas utile ? n'est-il pas nécessaire
» de défendre le trône des Bourbons, en se
» servant des armes dont la révolution a
» fait usage ? »

Non, certes, je n'approuve point, je
n'approuverai jamais la finesse adminis-
trative de M. de Villèle. Je suis persuadé
qu'il est de bonne foi dans son système
ministériel ; mais je crois qu'il comprend
mal comment il faut se conduire avec des
Français ; comment il convient de s'adresser à leur cœur et à leur esprit, pour les

porter à la confiance, à l'estime et à l'admiration: Plutarque a écrit quelque part qu'*un des grands avantages des gouvernemens qui marchoient avec la franchise et la justice, étoit de rendre inutile l'emploi de la force pour l'execution des lois*; maxime admirable qui ne devroit jamais sortir de la mémoire des princes et de celle des hommes qu'ils appellent à tenir, sous leur autorité, pour le bonheur de leurs sujets, les rênes de l'administration, de même que cette maxime sublime, qui étoit celle de l'un des rois de France : « Si la » vérité et la justice étoient exilées de la » terre, elles devroient encore se retrou-» ver dans la bouche et le cœur des » rois. »

Quoi ! des raisons particulières auroient motivé le renvoi de MM. de Montmorency, de Bellune et de Chateaubriand? Il y a trois causes ou circonstances qui peuvent déterminer le sacrifice d'un ou de plusieurs ministres. L'opposition d'opinion politique, l'amour-propre blessé ou la jalousie, là trahison politique, soit qu'elle s'impute au ministre qui perd le portefeuille, soit qu'elle vienne du ministre auteur de l'ordonnance de congé ou de démission : raisonnons sur ces trois moyens d'éviction.

Les ministres congédiés étoient-ils sortis du ministère par l'effet d'une opposition d'opinion politique? La première réflexion paroît devoir le faire croire. Mais aussi il est vrai de dire que c'est un prétexte banal et qui se trouvera toujours dans la bouche de l'Excellence victorieuse, et, certes, il nous est bien facile d'attribuer des torts à ceux dont la chute est notre propre ouvrage ; les vaincus sont nécessairement fautifs, et souvent même on peut les traiter comme des coupables....

Le dernier congrès où M. de Montmorency fut appelé pour soutenir les intérêts
et l'honneur de la France, étoit à peine
terminé, que, si l'on en croit quelques
apparences, l'on avoit résolu sa disgrâce
dans le temps même où il apprenoit la nou-
velle que le Roi venoit d'accorder une ré-
compense à sa noble conduite. M. de Mon-
morency a subi son renvoi ; sa conduite mi-
nistérielle et diplomatique avoit déplu à
M. de Villèle. Mais la guerre d'Espagne
qui étoit un épouvantail pour M. de Villèle,
a été décidée. Mais M. de Montmorency
avoit glorieusement conquis l'estime de tous
les hommes d'Etat qui s'étoient réunis avec
lui pour délibérer sur le sort de l'Espagne [1].

[1] Il falloit arrêter dans sa marche une révolution qui s'é-
toit formée sur le modèle de la nôtre, et qui l'eût peut-être
surpassée par ses malheurs et par ses crimes ; une révolution
qui, devenue forte par ses propres fureurs et le défaut de
répression, audacieuse et insolente par ses succès, après
avoir consommé le régicide, seroit entrée violemment dans

Mais sa diplomatie de bonne foi, où l'on rencontre à tout instant de nouveaux sentimens d'élévation, lui avoit mérité le suffrage de toutes les puissances de l'Europe; elle avoit été approuvée par l'opinion publique, et les royalistes, surtout, qui l'ont suivi dans leur pensée et dans leurs vœux jusqu'au lieu des délibérations, lui avoient formé un cortége de leur amour et de leurs respects. Puisque ce ministre avoit rempli sa haute mission avec beaucoup de gloire (et le succès est venu d'ailleurs justifier ses vues politiques), ce n'est pas apparemment de cette gloire diplomatique qu'est partie la résolution qui, si extraordinairement, lui a ravi le portefeuille des affaires étrangères

notre patrie pour se mettre à la place de la sainte et sanitaire légitimité, pour nous rendre l'épouvantable liberté de 1793. sans doute elle auroit essayé d'exécuter de nouveaux attentats contre la Famille royale, car il ne faut point oublier ce qu'on a dit de la rage révolutionnaire : *Qu'elle avoit soif du sang des rois.*

si bien placé dans les mains pures et loyales du premier baron du royaume.

Sans doute, mon cher comte, la troisième cause de l'éviction d'un ministre n'est point admissible : la trahison politique, elle ne peut avoir rien de commun (et tous les royalistes s'empressent de le reconnoître) ni avec M. de Montmorency, ni avec M. de Villèle. L'un et l'autre sont à l'abri d'une pareille suspicion ; leur dévouement à l'auguste famille des Bourbons est évident comme la lumière du jour : c'est donc ou la dissidence d'opinion, ou le dépit et l'amour-propre blessé qui ont fait renvoyer l'ancien ministre des affaires étrangères, qui avoit si habilement, si fatalement pour lui, traité au Congrès la grande question de la guerre d'Espagne. Veut-on se décider pour la dissidence d'opinion ; certes, on est dans les probabilités, mais les raisons ne manquent pas non plus, pour croire à l'amour-propre blessé.

M. de Bellune étoit non moins partisan de l'expédition d'Espagne que M. de Montmorency : il en fut l'heureux et le malheureux préparateur. Ses préparatifs et son organisation de l'armée ruinèrent pour jamais la cause tricolore. Le premier coup de canon tiré à la Bidassoa déchira entièrement le drapeau de cette couleur ; il fut condamné pour toujours à ne plus reparoître dans les rangs d'une armée française. L'ouvrage répondit parfaitement à l'attente de son auteur ; il a été admiré de tout l'univers ; il a produit des merveilles ; mais il avoit à la vérité pour directeur un héros, un nouvel Henri IV. L'organisateur a été abreuvé de dégoûts ; l'intrigue lui a suscité des obstacles, elle l'a fait aller et l'a ramené en toute hâte d'un point à un autre, en lui faisant parcourir une grande distance, l'exposant ainsi par la perte d'un temps précieux à manquer le but que sa constante sollicitude se proposoit d'atteindre.

M. le duc de Bellune qui s'étoit mis en opposition avec le ministre des finances, n'a point tardé à succomber sous cette présidence de conseil d'autant plus redoutable qu'elle avoit pris parti contre la guerre d'Espagne.

J'aurois beaucoup de choses à dire sur le fameux traitant M. Ouvrard; mais je veux réserver mes réflexions à son égard pour ma seconde lettre politique, que je me propose de vous adresser si les circonstances et le temps me le permettent [1].

[1] On m'a assuré que M. le ministre des finances avoit fait écrire sur sa voiture cette devise singulière : « *Tout vient à poinct qui peut attendre.* » Une pareille maxime est digne de figurer parmi celles du publiciste italien *Machiavel*; mais une longue attente est souvent comparable à une longue mort.... Il est bien aisé à un ministre des finances de prêcher la patience. Il a bien su avec sa politique cauteleuse mettre l'*attente à la mode*, on ne pourra jamais concilier M. de Villèle ministre des finances, avec M. de Villèle simple député.

Celui qui avoit emprunté la plume de Platon et celle de Démosthène pour défendre la monarchie et la Charte ne pouvoit approuver le système de la réduction spoliatrice des rentes, d'une banqueroute de l'Etat sous le règne d'un Bourbon envers des créanciers qui avoient la confiance que la dette publique seroit maintenue et respectée... Le noble vicomte de Chateaubriand perdit noblement son portefeuille, et se retira du ministère avec les regrets et l'admiration des honnêtes gens.

Agréez l'assurance des sentimens distingués avec lesquels j'ai l'honneur d'être, etc.